하루 한 장, 나에게 보내는 편지

영어 명언 필사 노트 100

반석출판사

Contents

Chapter 3 | 마음에 위로와 힘이 필요한 나에게 

Chapter 4 | 긍정적 에너지가 필요한 나에게

Chapter 5 | 사랑이 필요한 나에게

To Me Who
Worries
Too Much
AIR MAIL
AIR MAIL

걱정이 많은
나에게

–Benjamin Franklin

Do not anticipate trouble, or worry about what may never happen.

Keep in the sunlight.

근심거리를 예상하거나 일어나지도 않을 일을 걱정하지 마라.
긍정적으로 생각해라.

벤자민 프랭클린 (1706-1790)

미국의 과학자, 발명가, 정치인. 미국 건국의 아버지 중 한 명. 피뢰침, 이중 초점 안경 등을 발명하고
미국 독립선언서 작성에 참여하며 미국 헌법의 초안을 작성하였다.

– *Virginia Woolf*

No need to hurry.

No need to sparkle.

No need to be anybody but oneself.

서두를 필요 없다.

반짝이려 할 필요도 없다.

스스로가 아닌 다른 사람이 될 필요도 없다.

버지니아 울프 (1882–1941)

잉글랜드의 소설가, 수필가. 그녀의 작품은 여성주의, 독립성 등이 두드러지며 대표작으로 『올란도』, 『자기만의 방』이 있다.

–Walter Anderson

Nothing diminishes anxiety faster than action.

행하는 것만큼 불안을 빠르게 없애주는 것은 없다.

월터 앤더슨 (1903-1965)

미국의 화가, 작가. 미국 루이지애나 뉴올리언스를 기반으로 독특한 스타일의 화풍으로 잘 알려져 있다.

Do what you can,
with what you've got, where you are.

당신이 있는 자리에서 당신이 가진 것으로
당신이 할 수 있는 것을 하라.

시어도어 루스벨트 (1858–1919)

미국의 제 25대 부통령, 제 26대 대통령. 러일전쟁을 종식시킨 공로로 미국인 중 최초,
미국 대통령 중 최초로 노벨평화상을 받았다.

Even the darkest night will end, and the sun will rise.

가장 어두운 밤이라도 끝은 있고, 태양은 다시 떠오를 것이다.

빅토르 위고 (1802-1885)

프랑스의 시인, 소설가, 극작가. 프랑스를 대표하는 작가 중 한 명으로 낭만주의 작가.
대표작으로 『파리의 노트르담』, 『레 미제라블』 등이 있다.

–Mark Twain

I've had a lot of worries in my life, most of which never happened.

살면서 많은 걱정이 있었지만, 대부분은 일어나지 않았다.

마크 트웨인 (1835-1910)

미국의 작가. 본명은 Samuel Langhorne Clemens(새뮤얼 랭혼 클레먼스).
대표작으로 『톰 소여의 모험』, 『허클베리 핀의 모험』 등이 있다.

-Leo Buscaglia

Worry never robs tomorrow of its sorrow, it only saps today of its joy.

걱정은 내일의 슬픔을 앗아가지 못한다.
다만 오늘의 기쁨을 앗아갈 뿐이다.

레오 버스카글리아 (1924-1998)

미국의 작가, 동기 부여 연설가. Dr. Love라고도 알려져 있다. 대표작으로 『살며, 사랑하며, 배우며』가 있다.

Worrying is like a rocking chair.
It gives you something to do,
but it doesn't get you anywhere.

–Erma Bombeck

걱정은 흔들의자와 같다.
당신에게 할 일을 주지만 어디에도 데려다주지는 못한다.

어마 봄벡 (1927-1996)

미국의 칼럼니스트. 1965년부터 1996년까지 4,000 편이 넘는 칼럼을 썼고 미 중서부의 평범한 가정주부 생활을
유머러스하게 풀어내 큰 사랑을 받았다.

– *Jack Canfield*

Don't worry about failures,
worry about the chances you miss
when you don't even try.

실패에 대해 걱정하지 말고,
시도조차 하지 않고 놓쳐 버린 기회에 대해 걱정해라.

잭 캔필드 (1944~)

미국의 작가, 동기 부여 연설가.
그의 대표 저서인 『영혼을 위한 치킨 수프』는 40개의 언어로 5억 부 이상이 팔렸다.

– Jon Kabat-Zinn

As long as you are breathing,
there is more right with you than wrong with you,
no matter what is wrong.

당신이 숨 쉬고 있는 한,
당신에게는 잘못된 것보다 옳은 것들이 더 많습니다.
무엇이 잘못되었든 말이죠.

존 카밧진 (1944~)

미국의 교수. 심리 치료 기법 중 하나인 마음챙김 명상법(MBSR)을 개발했다.

–F. Scott Fitzgerald

The world only exists in your eyes.
You can make it as big or as small as you want.

세상은 오직 당신의 눈에서만 존재한다.

당신이 원하는 만큼 크게도, 작게도 만들 수 있다.

F. 스콧 피츠제럴드 (1896-1940)

미국의 작가. 소설 『낙원의 이쪽』으로 데뷔하여 큰 인기를 얻었다.
그의 대표작으로는 『위대한 개츠비』, 『밤은 부드러워』가 있다.

-C. S. Lewis

You can't go back and change the beginning,
but you can start where you are
and change the ending.

되돌아가서 시작을 바꿀 수는 없지만
당신이 지금 있는 곳에서 시작해서 결말을 바꿀 수는 있다.

C. S. 루이스 (1898-1963)

영국의 소설가. 케임브리지 대학교에서 철학과 르네상스 문학을 가르쳤다.
그의 대표작으로 『나니아 연대기』가 있다.

–Henry Ward Beecher

Every tomorrow has two handles.
We can take hold of it with the handle of anxiety
or the handle of faith.

모든 내일은 두 개의 손잡이가 있다.
불안이라는 손잡이로 내일을 붙잡을 수도 있고,
믿음이라는 손잡이로 붙잡을 수도 있다.

헨리 워드 비처 (1813-1887)

미국의 사회 개혁가, 웅변가. 노예제 폐지 운동과 여성 참정권 운동에 참여하여 사회 개혁 운동을 지지하였다.

There is only one way to happiness and that is to cease worrying about things which are beyond the power or our will.

–Epictetus

행복에 이르는 길은 오직 하나뿐인데,
이는 우리의 의지나 힘을 넘어선 것들에 대한 걱정을 멈추는 것이다.

에픽테토스 (55-135)

그리스 스토아학파 철학자. 노예로 태어났으나 훗날 해방되어 로마에서 철학을 가르쳤다.
90년경 도미티아누스 황제가 철학자에 대한 추방령을 내리자, 그리스의 니코폴리스로 이주하여 학교를 세웠다.

There is a great difference between worry and concern.
A worried person sees a problem,
and a concerned person solves a problem.

–Harold Stephens

걱정과 염려 사이에는 큰 차이가 있다.
걱정하는 사람은 문제를 보고 염려하는 사람은 문제를 해결한다는 것이다.

해롤드 스티븐스 (1926–2021)

미국의 작가. 제2차 세계 대전 당시 중국 탐험에 관한 책으로 유명해졌으며 여행과 역사에 관한 많은 책을 저술했다.

You're only here for a short visit.

Don't hurry, don't worry.

And be sure to smell the flowers along the way.

당신은 이 세상에 잠시 방문한 것뿐입니다.

서두르지 말고, 걱정하지 마세요.

그동안에 꽃향기도 꼭 맡아 보시고요.

월터 하겐 (1892-1969)

미국의 프로 골퍼. 프로 골프의 아버지로 알려져 있으며 19세에 데뷔하여 프로 골프의 발전에 주요 역할을 하였다.

–Ernest Hemingway

Worry a little bit every day and in a lifetime
you will lose a couple of years.
If something is wrong, fix it if you can.
But train yourself not to worry. Worry never fixes anything.

매일 조금씩 걱정하다 보면 삶의 몇 년을 잃게 되는 것이다.
뭔가 잘못되었다면, 가능한 한 고치도록 해라.
하지만 걱정하지 않도록 자신을 훈련해라. 걱정은 아무것도 해결하지 못한다.

어니스트 헤밍웨이 (1899–1961)

미국의 소설가. 1954년 소설 『노인과 바다』로 노벨문학상을 수상하였다.
그의 대표작으로는 『노인과 바다』, 『무기여 잘 있거라』 등이 있다.

DAY
018

"Rest your brains and do not worry about the wall,"
replied the Woodman.
"When we have climbed over it,
we shall know what is on the other side."

"머리 좀 식히고 벽에 대해서 걱정하지 마." 나무꾼이 대답했다.
"우리가 벽을 넘으면 저 너머에 뭐가 있는지 알 수 있을 테니까."

L. 프랭크 바움 (1856–1919)

미국의 동화 작가. 그의 대표작 『오즈의 마법사』는 영화, 뮤지컬 등으로 만들어져 전 세계적인 사랑을 받고 있다.

–Dale Carnegie

Remember, today is the tomorrow you worried about yesterday.

명심해라, 오늘은 어제 당신이 걱정했던 바로 그 내일이다.

데일 카네기 (1888–1955)

미국의 작가, 강사. 1912년 YMCA에서 성인 대상의 대화 및 연설 기술을 강연하면서 이름이 알려졌다.
대표 저서로는 『인간관계론』, 『행복론』 등이 있다.

–Steve Jobs

Don't worry about too many things at once. Take a handful of simple things to begin with, and then progress to more complex ones.

한 번에 너무 많은 것을 걱정하지 마라.
처음에는 간단한 몇 가지로 시작하고 점점 더 복잡한 것으로 나아가라.

스티브 잡스 (1955-2011)

미국의 기업인, 애플의 전 CEO이자 공동 창립자. 개인용 컴퓨터를 대중화하고 음악 산업, 스마트폰 시장을 바꾸었으며 21세기 혁신의 아이콘이다.

To Me Who
Wants To Find
Happiness
AIR MAIL
AIR MAIL

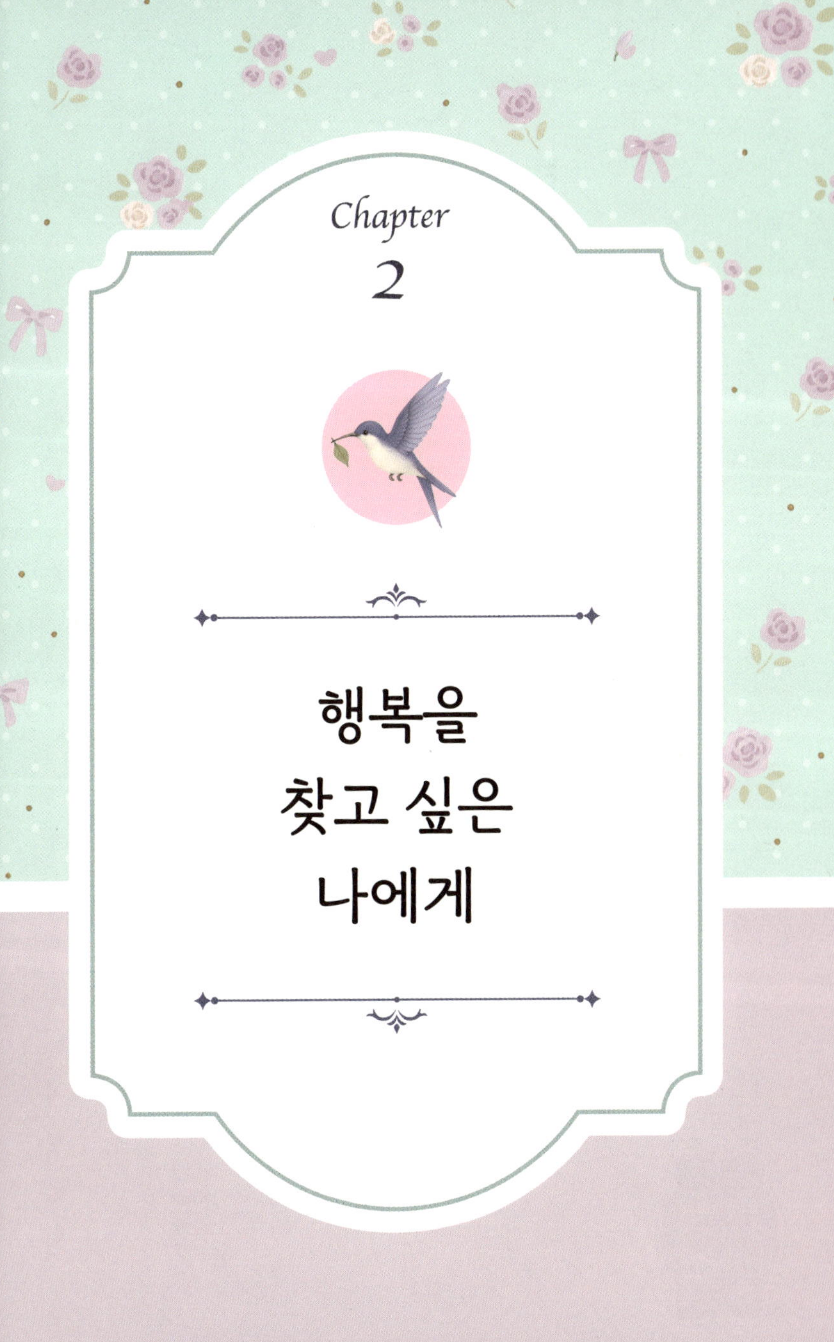

행복을
찾고 싶은
나에게

-Helen Keller

When one door of happiness closes,
another opens, but often we look so long at the closed door
that we do not see the one that has been opened for us.

행복의 한쪽 문이 닫히면 다른 문이 열립니다.
하지만 우리는 닫힌 문만 하염없이 보느라
우리를 위해 열린 다른 문을 보지 못하곤 하죠.

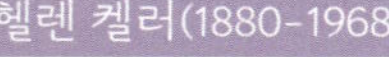

헬렌 켈러(1880-1968)

미국의 작가, 인권 운동가. 생후 19개월에 앓은 병으로 시각과 청각을 잃었으나 앤 설리번 선생과
자신의 노력으로 이를 극복하고 여성 참정권 운동가이자 평화주의자로 활동했다.

Happiness is a state of mind.
It's just according to the way you look at things.

행복은 마음의 상태입니다.
당신이 사물을 보는 방식에 따라 달라지죠.

월트 디즈니 (1901–1966)

미국의 애니메이터, 기업인. 디즈니 브라더스 스튜디오를 설립하고 1928년 미키 마우스를 만들었다.
1937년 〈백설 공주와 일곱 난쟁이〉의 성공 후 그는 영화 업계와 세계 오락 산업에 큰 영향력을 미쳤다.

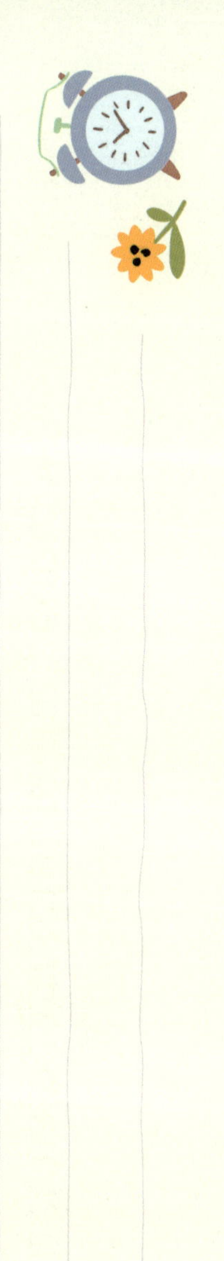

Let us be grateful to the people who make us happy, they are the charming gardeners who make our souls blossom.

우리를 행복하게 해주는 사람들에게 감사합시다.
그들은 우리의 영혼을 꽃피워 주는
매력적인 정원사들이기 때문이죠.

마르셀 프루스트 (1871-1922)

프랑스의 작가. 세계 문학을 대표하는 작가들 중 한 명으로 뽑히며 그의 대표작인 『잃어버린 시간을 찾아서』는 20세기 문학의 큰 영향을 끼쳤다.

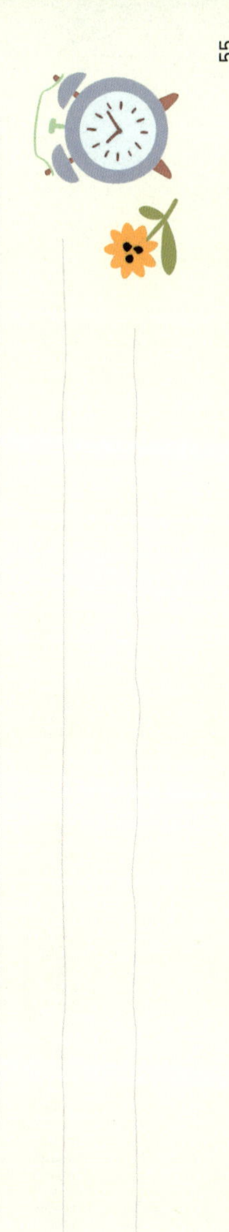

-J. M. Barrie, Peter Pan

When the first baby laughed for the first time,
its laugh broke into a thousand pieces,
and they all went skipping about, and that was
the beginning of fairies.

첫 번째 아이가 처음으로 웃었을 때, 그 웃음은 천 갈래로 갈라져
이리저리 뛰어다녔고 그것이 요정들의 시작이었다.

J. M. 배리 (1860-1937)

스코틀랜드의 소설가. 고향에서 전해지는 설화를 기반으로 소설을 써서 유명해졌고
1904년에 연극 〈피터 팬: 자라지 않는 아이〉를 1911년에 『피터와 웬디』로 소설화 하였다.

DAY 025

"I shall take the heart," returned the Tin Woodman;
"for brains do not make one happy,
and happiness is the best thing in the world."

"난 심장을 가질 거야." 양철 나무꾼은 대답했다.
"뇌는 누구도 행복하게 만들어 주지 않아.
그리고 이 세상에서 가장 좋은 것은 행복이야."

L. 프랭크 바움 (1856-1919)

미국의 동화 작가. 그의 대표작 『오즈의 마법사』는 영화, 뮤지컬 등으로 만들어져 전 세계적인 사랑을 받고 있다.

–Marcus Aurelius, Meditations

Very little is needed to make a happy life,
it is all within yourself in your way
of thinking.

행복한 삶을 사는 데 필요한 것은 거의 없다.
모든 것은 당신의 사고방식에 달려 있다.

마르쿠스 아우렐리우스 (121-180)

로마 제국의 제16대 황제, 스토아학파 철학자. 고대 로마의 전성기를 이끈 5명의 현명한 황제(오현제) 중 한 명이다.

–Eleanor Roosevelt

Happiness is not a goal,
it's a by-product of a life well lived.

행복은 목표가 아니라 잘 살아온 삶의 부산물입니다.

엘리너 루스벨트 (1884-1962)

미국의 정치인, 사회운동가. 제32대 대통령인 프랭클린 D. 루스벨트의 부인이었으며 1946년 여성 최초로
국제 연합 인권 위원회의 의장이 되어 세계 인권 선언을 기초하는데 큰 역할을 하였다.

–Oprah Winfrey

The more you praise and celebrate your life,
the more there is in life to celebrate.

당신의 삶을 칭찬하고 축하할수록,
인생에서 축하할 일이 더욱 많아진다.

오프라 윈프리 (1954~)

미국의 방송인. 가장 낮은 시청률을 기록했던 시카고의 30분짜리 아침 토크쇼를 시청률 1위로 일으켜 '오프라 윈프리 쇼'로 이름을 바꾸고 큰 성공을 이루었다.

-*Sheryl Sandberg*

Happiness is actually the little things, the little moments that make up our day.

사실 행복이란 우리의 하루를 이루고 있는
작은 것들, 작은 순간들이다.

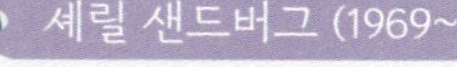

셰릴 샌드버그 (1969~)

미국의 기업인. 메타의 COO. 2012년 페이스북 역사상 최초로 여성 이사회 임원이 되었다.

Happiness always looks small while you hold it in your hands, but let it go, and you learn at once how big and precious it is.

행복은 손에 쥐고 있는 동안은 항상 작아 보이지만, 놓치고 나면
그것이 얼마나 크고 소중했는지를 금세 깨닫게 된다.

막심 고리키 (1868–1936)

러시아의 작가. 본명은 Alexei Maximovich Peshkov(알렉세이 막시모비치 페시코프)이다.
사회주의 리얼리즘의 원조이며 대표작으로 『밑바닥에서』, 『고백』 등이 있다.

–Fredrick Koeing

We tend to forget that happiness doesn't come as a result of getting something we don't have, but rather recognizing and appreciating what we do have.

우리는 행복이란 우리가 가지지 못한 것을 얻는 데서 오는 것이 아니라
우리가 가지고 있는 것을 인식하고 감사하는 것에서 온다는
사실을 잊는 경향이 있다.

프리드리히 코에닉 (1774-1833)

독일의 발명가. 증기 동력 인쇄기를 개발했다. 이 기계는 시간 당 69,000장을 인쇄할 수 있었으며 양면 인쇄도 가능했다.
1817년 Koenig & Bauer를 설립하였고 해당 업체는 현재까지도 운영되는 가장 오래된 인쇄기 제조업체이다.

–Bertolt Brecht

Everyone chases after happiness, not noticing that happiness is at their heels.

사람들은 모두 행복을 좇지만,
행복이 바로 뒤에 있다는 사실을 깨닫지 못한다.

베르톨트 브레히트 (1898–1956)

독일의 극작가, 시인. 주로 사회주의적인 작품을 연출하였고 〈밤의 북소리〉, 〈서푼짜리 오페라〉로 명성을 얻기 시작했으며 소격효과(낯설게 하기)라는 개념을 주창하여 세계 연극계의 큰 영향을 미쳤다.

–Mahatma Gandhi

Happiness is when what you think,
what you say, and what you do are in harmony.

행복은 당신이 생각하는 것, 말하는 것, 행하는 것들이
조화를 이룰 때 찾아온다.

마하트마 간디 (1869~1948)

인도의 정신적, 정치적 지도자. 비폭력주의자로서 영국에 대항하여 인도 독립 운동을 지도하였고
독립 후에는 이슬람교와 힌두교의 화해를 위해 노력하였다.

–George Gordon Byron

All who joy would win must share it.
Happiness was born a twin.

기쁨을 얻고자 하는 사람은 반드시 그 기쁨을 나눠야 한다.
행복은 쌍둥이로 태어났기 때문이다.

조지 고든 바이런 (1788-1824)

영국의 시인. 이름보다는 Lord Byron(바이런 경)으로 더 알려져 있다. 영국의 대표적인 낭만파 시인이며 대표작으로 『돈후안』이 있다.

Nothing brings me more happiness than trying to help the most vulnerable people in society. It is a goal and an essential part of my life—a kind of destiny. Whoever is in distress can call on me. I will come running wherever they are.

사회에서 가장 취약한 사람들을 돕는 것보다 더 큰 행복을 가져다주는 것은 없어요.

이는 제 삶의 목표이자 필수적인 부분입니다. 일종의 운명이죠.

어려움에 처한 누구든 저를 찾아 주세요.

여러분이 어디에 계시든 달려갈 것입니다.

다이애나 왕세자비 (1961–1997)

영국의 전 왕세자비. 본명은 Diana Frances Spencer(다이애나 프랜시스 스펜서)이다.
왕세자비 시절과 이혼 후에도 자신의 영향력으로 봉사와 자선활동을 적극적으로 실천하였다.

The most important thing is to enjoy your life—
to be happy—it's all that matters.
Never let anyone take your joy away from you.

–Audrey Hepburn

가장 중요한 것은 당신의 인생을 즐기는 거예요. 행복해지는 것, 그게 전부예요.
그 누구도 당신의 기쁨을 앗아가지 못하게 하세요.

오 드리 햅번 (1929-1993)

영국의 배우, 자선가. 영화 〈로마의 휴일〉로 스타가 되어 아카데미 여우주연상을 수상했다.
이후 여러 작품을 거쳐 〈티파니에서 아침을〉로 다시 한번 시대의 아이콘이 되었다. 은퇴 이후 유니세프 대사로서 봉사하며 말년을 보냈다.

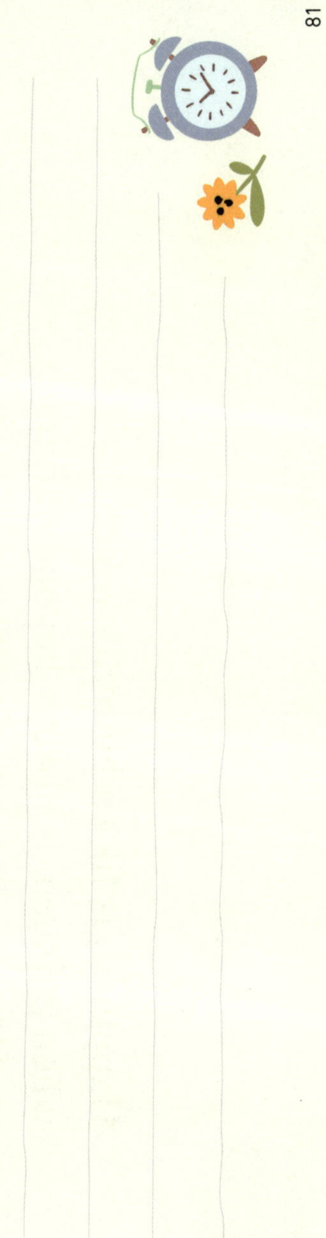

–Nathaniel Hawthorne

Happiness is like a butterfly which,
when pursued, is always beyond our grasp,
but, if you will sit down quietly, may alight upon you.

행복은 좇고자 하면 항상 우리의 손에서 벗어나 버리는 나비와 같지만
조용히 앉아 있으면 당신에게 내려와 앉을 것이다.

나다니엘 호손 (1804-1864)

미국의 소설가. 당시 미국의 청교도 사회에서 벗어난 글을 썼으며 대표작으로 『주홍글씨』, 『일곱 박공의 집』 등이 있다.

–William James

We don't laugh because we're happy, we're happy because we laugh.

우리는 행복해서 웃는 것이 아니라
웃기 때문에 행복한 것이다.

윌리엄 제임스 (1842-1910)

미국의 철학자, 심리학자. 지식이란 실생활에서 사용할 수 있는 가치가 있어야 한다는 실용주의 사상을 주장했다.
그의 대표 저서로는 『심리학의 원리』, 『근본적 경험론에 관한 시론』 등이 있다.

–Hosea Ballou

Real happiness is cheap enough, yet how dearly we pay for its counterfeit.

진정한 행복은 저렴한데 우리는 가짜 행복을 위해

얼마나 많은 값을 치르고 있는가.

호세아 발루 (1771-1852)

미국의 보편주의 성직자. 미국 보편주의의 아버지로 불리며 여러 권의 신학 서적과 수필 등을 집필했다.

–Douglas Jerrold

Happiness grows at our own firesides,
and is not to be picked in strangers' gardens.

행복은 우리의 난롯가에서 자라는 것이지
타인의 정원에서 얻어지는 것이 아니다.

더글러스 제롤드 (1803-1857)

영국의 극작가. 인쇄소에서 조판공으로 일하며 짧은 글과 시 몇 편이 잡지에 실렸고 한 오페라에 대한 비평이 편집자에게 호평을 받아 전문 저널리스트가 되었다.

To Me Who
Needs Comfort
and Strength

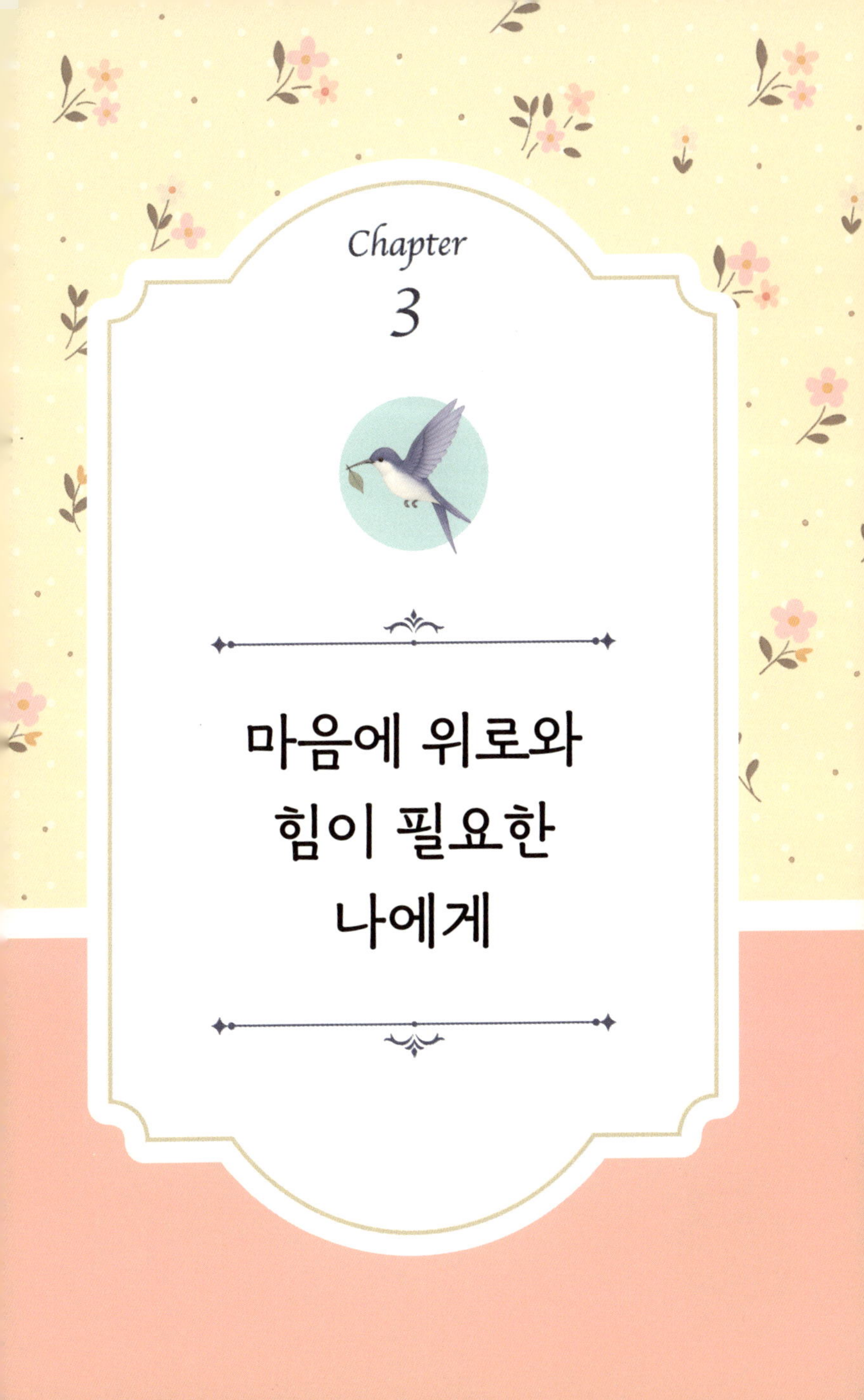

마음에 위로와 힘이 필요한 나에게

–Herman Melville, Moby-Dick

I know not all that may be coming,
but be it what it will, I'll go to it laughing.

앞으로 일어날 일을 다 알 수는 없지만,
그게 무엇이든 웃으며 맞이하겠어.

허먼 멜빌 (1819-1891)

미국의 작가. 젊은 시절 교사와 선원 일을 하다가 소설 『타이피』를 출판하고 작가로서 성공하였다. 이후 여러 작품을 출간하였으나 큰 반응을 얻지 못하다가 작가 사후 『모비 딕』이 재조명 되어 미국 문학의 대문호로 인정받게 된다.

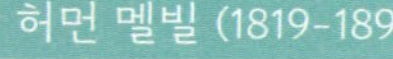

–Mark Twain

The best way to cheer yourself up is to try to cheer somebody else up.

자신을 격려하는 가장 좋은 방법은 남을 격려하는 것이다.

마크 트웨인 (1835–1910)

미국의 작가. 본명은 Samuel Langhorne Clemens(새뮤얼 랭혼 클레먼스). 대표작으로 『톰 소여의 모험』, 『허클베리 핀의 모험』 등이 있다.

– *Victor Hugo*

It is from books that wise people derive consolation
in the troubles of life.

지혜로운 사람들은 인생의 고민에 대한 위로를 책에서 얻는다.

빅토르 위고 (1802–1885)

프랑스의 시인, 소설가, 극작가. 프랑스를 대표하는 작가 중 한 명으로 낭만주의 작가.
대표작으로 『파리의 노트르담』, 『레 미제라블』 등이 있다.

–Washington Irving

There is a sacredness in tears. They are not the mark of weakness, but of power. They speak more eloquently than ten thousand tongues. They are the messengers of overwhelming grief, of deep contrition, and of unspeakable love.

눈물에는 신성함이 깃들어 있다. 눈물은 나약함의 표시가 아니라 힘의 표시이다.
눈물은 만 개의 단어보다도 더 유창하게 말한다. 눈물은 엄청난 슬픔, 깊은 뉘우침,
그리고 말할 수 없는 사랑의 전달자이다.

미국의 수필가, 소설가. 콜럼버스와 조지 워싱턴 등의 전기를 쓰기도 했지만 소설적 요소를 혼합하여 서술했기에 그들에 대한 거짓 신화를 만들기도 했다. 대표작으로는 『스케치북』, 『알함브라 전설』 등이 있다.

We will grieve not, rather find strength in what remains behind.

우리는 슬퍼하지 않으리, 그 뒤에 남겨진 것으로부터 힘을 찾으리.

윌리엄 워즈워스 (1770-1850)

영국의 시인. 영문학의 낭만주의를 시작한 영국의 중요한 낭만주의 시인이다. 새뮤얼 테일러 콜리지와 함께 『서정가요집』을 출판하였으며 이 책의 서문은 낭만주의의 시작으로 평가된다.

-Henry David Thoreau, Walden

A single gentle rain makes the grass many shades greener.
So our prospects brighten on the influx of better thoughts.

한 번의 구슬비가 풀의 색을 더욱 푸르게 만들듯이
우리의 관점도 더 나은 생각이 들어오면 더욱 밝아진다.

헨리 데이비드 소로 (1817-1862)

미국의 철학자, 시인, 수필가. 노예 해방 운동에 헌신하였으며 간디, 마틴 루터 킹 등에 사상적 영향을 주었다.
대표작으로 『월든』, 『시민 불복종』 등이 있다.

Anger and aggression weaken you,
because they take so much energy to hold in place.
But kindness is a strength that makes you more serene.

–Ellen DeGeneres

분노와 적대감은 당신을 약하게 만들어요.
그 상태를 유지하는 데 정말 많은 힘이 들기 때문이죠.
하지만 친절함은 당신을 더욱 평온하게 만들어주는 힘입니다.

엘런 드제너러스 (1958~)

미국의 희극인, TV쇼 진행자, 배우. 스탠드업 코미디로 경력을 시작하여 2003년부터 2022년까지 〈엘런 드제너러스 쇼〉를 진행했다.

I'm a believer in the power of knowledge
and the ferocity of beauty, so from my point of view
your life is already artful—waiting, just waiting,
for you to make it art.

저는 지식의 힘과 아름다움의 강렬함을 믿습니다.
그래서 제 관점에서 보면 여러분의 삶은 이미 예술적이죠,
여러분의 삶을 예술로 만들기까지 기다리고, 그저 기다릴 뿐입니다.

토니 모리슨 (1931-2019)

미국의 작가. 본명은 Chloe Ardelia Wofford(클로에 아델리아 워포드)이다. 1993 노벨문학상을 수상하였으며 대표작으로 『가장 파란 눈』, 『빌러버드』 등이 있다.

– Jill Biden

This is what I know for sure: At some point in our lives, we will all be broken and bruised—but we are not alone. We find joy together. We persevere together.

제가 확실히 아는 것은, 살면서 어느 시점에서 우리는 부서지고 멍이 들 것입니다.
하지만 우리는 혼자가 아닙니다.
우리는 함께 기쁨을 찾을 것이고, 함께 견뎌낼 것입니다.

질 바이든 (1951~)

미국의 교육자. 제46대 미국 대통령 조 바이든의 배우자. 조 바이든의 대통령 취임 후에도 계속해서 강의를 진행하며 최초로 영부인의 활동 외에도 별도의 직업을 가진 대통령 배우자가 되었다.

–Oprah Winfrey

Give yourself time to mourn what you think you may have lost but then here's the key, learn from every mistake because every experience, encounter, and particularly your mistakes are there to teach you and force you into being more who you are.

여러분이 상실한 것에 대해 슬퍼할 시간을 스스로에게 허락하세요, 하지만 중요한 것은 이겁니다. 모든 실수로부터 배우세요. 왜냐하면 모든 경험, 만남, 그리고 특히 여러분의 실수들은 여러분에게 교훈을 주고 더 나은 자신이 되도록 해주기 때문입니다.

오프라 윈프리 (1954~)

미국의 방송인. 가장 낮은 시청률을 기록했던 시카고의 30분짜리 아침 토크쇼를 시청률 1위로 일으켜 '오프라 윈프리 쇼'로 이름을 바꾸고 큰 성공을 이루었다.

–Louisa May Alcott, Little Women

Watch and pray, dear, never get tired of trying,
and never think it is impossible to conquer your fault.

지켜보고 기도하렴, 애야, 노력하는 것에 지치지 말고
너의 결점을 극복하는 게 불가능하다고 생각하지 말거라.

루이자 메이 올컷 (1832-1888)

미국의 소설가. 남북전쟁 당시 뉴잉글랜드의 가정을 묘사한 『작은 아씨들』이 큰 성공을 거두었고
30여 편의 소설을 남겼다.

–Hermann Hesse, Demian

The bird fights its way out of the egg.
The egg is the world.
Who would be born must first destroy a world.

새는 알에서 나오기 위해 싸운다. 알은 세상이다.
태어나려는 사람은 반드시 한 세상을 깨뜨려야 한다.

헤르만 헤세 (1877-1962)

독일계 스위스인 작가. 20세기 독일 문학에 큰 영향을 끼친 대문호이다. 그의 작품은 동양 철학에 지대한 영향을 받았다. 『싯다르타』가 그 예이며 서양의 고대 영성 철학에 대해서도 큰 관심이 있어 『데미안』에 그 사상이 담겨 있다.

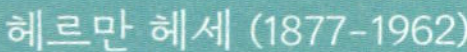

–Arnold Schwarzenegger

Strength does not come from winning.
Your struggles develop your strengths.
When you go through hardships
and decide not to surrender, that is strength.

힘은 승리에서 오는 것이 아니다. 당신의 노력이 당신의 힘을 길러 주는 것이다.
고난을 겪으면서도 포기하지 않기로 결심하는 것이 바로 힘인 것이다.

아놀드 슈워제네거 (1947~)

미국의 배우, 보디빌더, 정치인. 보디빌더로 활동하다 배우로 데뷔하여 〈터미네이터〉 시리즈로 세계적인 스타가 되었다.
이후 캘리포니아 주지사로 약 7년간 지냈다.

–Charlie Chaplin

Nothing is permanent in this wicked world, not even our troubles.

이 사악한 세상에 영원한 것은 없다. 우리의 고민조차도.

찰리 채플린 (1889-1977)

영국의 배우, 코미디언, 영화 감독. 무성 영화 시기에 크게 활약했으며 그가 창조한 캐릭터 '리틀 트램프'로 전세계적인 아이콘이 되었다. 대부분의 영화를 직접 감독하고 각본을 썼으며 슬랩스틱 코미디로 유명하다.

I have been bent and broken, but—I hope—into a better shape.

비록 내가 구부러지고 망가졌지만,
바라건대, 더 나은 모습으로 변했기를.

찰스 디킨스 (1812–1870)

영국의 소설가, 사회 비평가. 빅토리아 시대의 사회 모순을 선명히 그려내며 현대 대중소설의 기반을 마련했다. 대표작으로는 『데이비드 코퍼필드』, 『올리버 트위스트』, 『크리스마스 캐럴』 등이 있다.

A hero is an ordinary individual
who finds the strength to persevere and endure
in spite of overwhelming obstacles.

–Christopher Reeve

영웅이란 엄청난 역경에도 불구하고
인내하고 견뎌낼 힘을 찾는 평범한 한 사람이다.

크리스토퍼 리브 (1952-2004)

미국의 배우, 작가. 영화 〈슈퍼맨〉의 주연으로 유명하다. 낙마 사고 후 전신마비로 고통받는 중에도 의료 재단을 설립하고 여러 강연을 진행하는 등 많은 활동을 하였고 척수 손상과 관련된 연구 활성화에 큰 도움을 주었다.

Promise me you'll always remember:
You're braver than you believe,
stronger than you seem, and smarter than you think.

항상 기억하겠다고 약속해 줘.
너는 네가 믿는 것보다 더 용감하고, 보기보다 더 힘이 세고,
네가 생각하는 것보다 더 똑똑하다는 걸 말이야.

A. A. 밀른 (1882-1956)

영국의 작가. 곰돌이 푸의 창조자. 동화 작가로 유명하지만 희곡, 동화, 추리소설 등에 재능을 보인 작가이다. 삽화가 E. H. 셰퍼드와
『곰돌이 푸』를 출간하였고 작중 크리스토퍼 로빈은 실제 그의 아들을 모델로 하였다.

-Serena Williams

I don't like to lose—at anything—
yet I've grown most not from victories,
but setbacks.

저는 지는 걸 좋아하지 않아요. 어떤 일에서도요.
하지만 승리보다 좌절을 통해 가장 많이 성장했습니다.

세레나 윌리엄스 (1981~)

미국의 테니스 선수. 테니스 계에서 남녀 통틀어 단 5명밖에 없는 커리어 골든 슬래머를 달성한 사람 중 한 명이다. 열악한 환경에서도 꾸준한 연습과 노력을 통해 2010년 중반까지 테니스계의 여왕으로 군림하였다.

–Hillary Clinton

I think that if you live long enough,
you realize that so much of what happens in life is
out of your control—but how you respond to it is
in your control.

여러분이 오래 살다 보면, 살면서 일어나는 많은 일들은 우리가 통제할 수 없다는 것을 깨닫게 되죠.
하지만 그것에 어떻게 반응하는지는 우리가 통제할 수 있다고 생각합니다.

힐러리 클린턴 (1947~)

미국의 정치인. 제42대 미국 대통령 빌 클린턴의 배우자. 제44대 미국 대통령인 버락 오바마 행정부 시절에는 국무장관을 맡았다.
이후 2016년 미국의 첫 여성 대선 후보가 되었으나 낙선하였다.

–Deepak Chopra

The past is gone, the future is not here, now I am free of both.
Right now, I choose joy.

과거는 지나갔고, 미래는 여기에 없다. 이제 나는 그 둘로부터 자유롭다.
지금, 나는 기쁨을 택할 것이다.

디팩 초프라 (1946~)

인도계 미국인 연설가. 내분비학자였으나 대체 의학에 관심을 가지게 되었다.
대표작으로 『바라는 대로 이루어진다』, 『죽음 이후의 삶』 등이 있다.

AIR MAIL
AIR MAIL
To Me Who Needs
Positive Energy

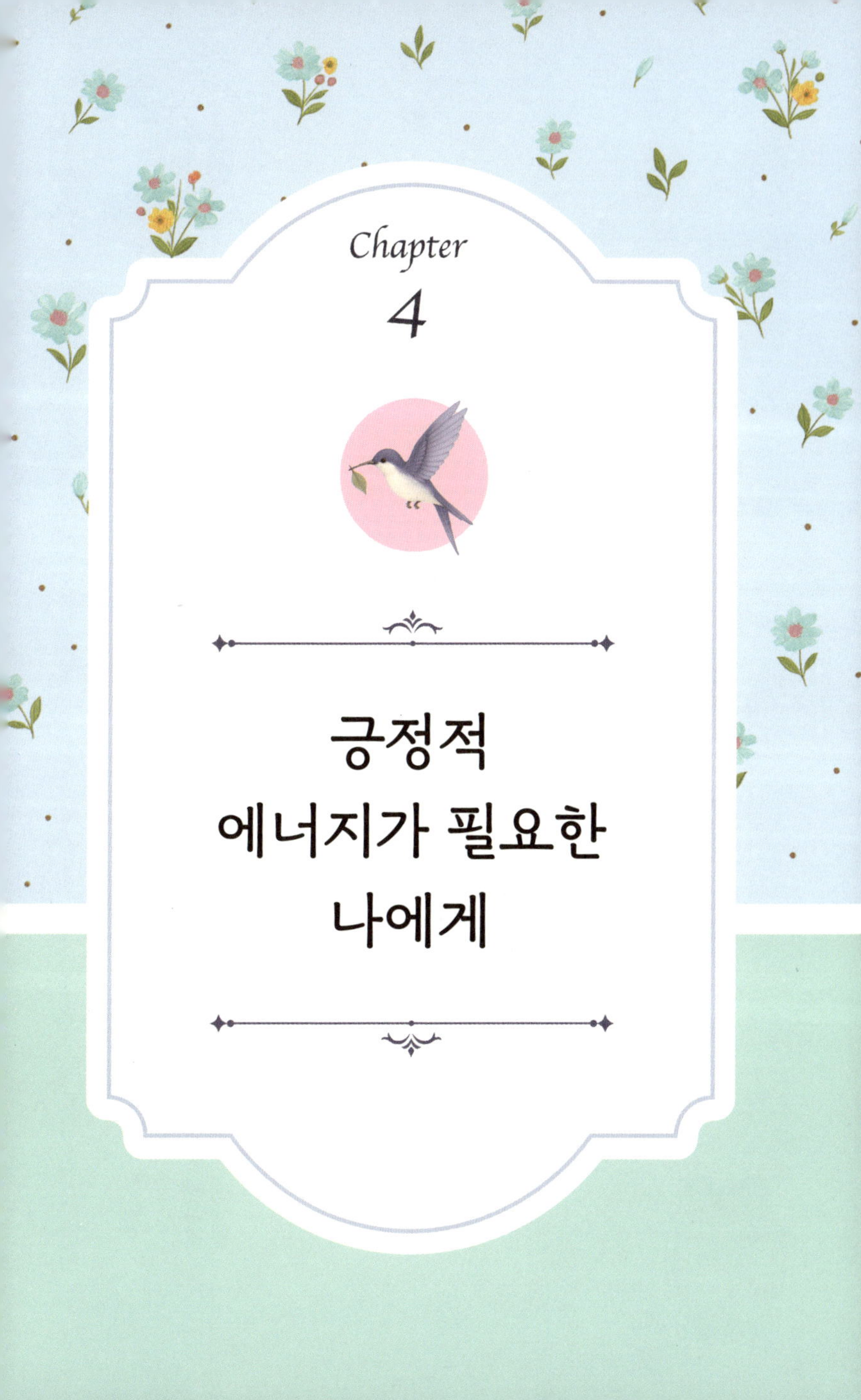

긍정적 에너지가 필요한 나에게

–Muhammad Ali

It's lack of faith that makes people afraid of meeting challenges, and I believe in myself.

사람들이 도전을 두려워하는 것은 믿음이 부족하기 때문이다.
나는 나를 믿는다.

무함마드 알리 (1942 – 2016)

미국의 프로 복싱 선수이자 사회 활동가. 12살에 복싱을 시작하였고 61전 56승 5패의 기록을 세웠다.
인종차별 같은 사회 문제에도 투쟁하여 사회 운동가로도 활발히 활동했다.

If you can't fly then run, if you can't run then walk, if you can't walk then crawl, but whatever you do you have to keep moving forward.

당신이 날 수 없다면 달려라, 달릴 수 없다면 걸어라,
걸을 수 없다면 기어라, 무엇을 하든 계속해서 앞으로 나아가라.

마틴 루터 킹 주니어 (1929–1968)

미국 침례회 목사, 인권 운동가. 비폭력주의자이며 미국의 흑인 인종차별 철폐 운동의 아이콘이다.
1964년 노벨평화상을 수상하였다.

DAY 063

Hope is the thing with feathers
That perches in the soul
And sings the tune without the words
And never stops at all.

희망은 날개 달린 것
영혼에 내려앉아
말없이 곡조를 노래하고,
절대 한 순간도 멈추지 않지.

에밀리 디킨슨 (1830-1886)

미국의 시인. 생전 2,000여 편에 달하는 시를 썼으나 당대의 정서와는 달라 극히 일부만 익명으로 출간됐다.
그러나 사후 여동생 러비니아 디킨슨이 그녀의 시를 모아 시집을 낸 후부터 천재성이 널리 인정받게 된다.

–Nelson Mandela

Do not judge me by my success, judge me by how many times I fell down and got back up again.

나의 성공으로만 나를 판단하지 말고, 얼마나 많이 내가 넘어지고
다시 일어났는지로 나를 판단해라.

넬슨 만델라 (1918-2013)

남아프리카 공화국의 대통령. 생전 아파르트헤이트 반대 운동에 힘썼으나 독재자에 맞서기 위해 무장투쟁 조직을 결성하여 반역죄로 체포되었고, 무기징역을 선고받게 된다. 투옥 27년 만에 출소하여 1993년 노벨평화상을 수상하고 남아프리카 공화국 최초의 흑인 대통령으로 취임했다.

–Michael Jordan

Obstacles don't have to stop you.
If you run into a wall, don't turn around and give up.
Figure out how to climb it, go through it,
or work around it.

장애물이 당신을 막을 필요는 없다.
당신이 벽에 부딪히더라도 돌아서거나 포기하지 마라.
어떻게 그 벽을 타고 올라갈지, 뚫고 지나갈지 혹은 돌아갈 수 있을지를 생각해라.

마이클 조던 (1963~)

미국의 농구 선수, 사업가. 전 세계적인 NBA 붐을 주도한 선수이며 슈팅 가드 포지션으로 활약했다.
현재는 은퇴하여 NBA 샬럿 호네츠의 주주이다.

People say to me all the time, 'You have no fear.'
I tell them, 'No, that's not true. I'm scared all the time.
You have to have fear in order to have courage.
I'm a courageous person because I'm a scared person.'

–Ronda Rousey

사람들은 항상 저에게 '당신은 겁이 없군요.'라고 말해요.
그럼 저는 '아뇨, 그렇지 않아요. 전 항상 두려워해요.
용기를 내기 위해서는 두려움을 가져야 해요.
저는 겁이 많은 사람이기 때문에 용기 있는 사람인 겁니다.'라고 답합니다.

론다 라우시 (1987~)

미국의 유도 선수, 종합 격투기 선수, 프로레슬링 선수. 만 16세의 나이로 미국의 유도 국가대표로 발탁되었고 2008년 베이징 올림픽 때 동메달을 획득했다. 이후 여성 선수 최초로 UFC와 계약을 하고 여성 종합격투기의 대중화에 큰 기여를 했다.

–Michael Phelps

You can't put a limit on anything.
The more you dream, the farther you get.

그 어떤 것에도 한계를 두지 마라.
더 많이 꿈꿀수록 더 멀리 나아갈 것이다.

마이클 펠프스 (1985~)

미국의 수영 선수. 선수 생활 중 총 66개의 금메달을 수상하고 그 중 23개의 올림픽 금메달을 획득했다.
타고난 신체 능력과 더불어 단 하루도 훈련을 쉰 적이 없을 정도로 연습에 매진하여 수영계의 전설이 되었다.

–Oscar Wilde

To live is the rarest thing in the world.
Most people exist, that is all.

살아간다는 것은 세상에서 가장 드문 일이다.
대부분의 사람은 그저 존재하기만 한다.

오스카 와일드 (1854–1900)

아일랜드의 시인, 소설가, 극작가. 유미주의를 지향했으며 대표작으로 『도리언 그레이의 초상』, 『살로메』 등이 있다. 동화 『행복한 왕자』를 쓰기도 했다.

Life isn't about finding yourself.
Life is about creating yourself.

삶은 나 자신을 알아가는 것이 아니다.
삶이란 자신을 창조하는 것이다.

조지 버나드 소 (1856-1950)

아일랜드의 극작가, 평론가. 빅토리아 시대의 도덕적 위선과 사회 제도의 모순을 작품 속에서 날카롭게 비평했으며 오락적 연극이 아니라 관객이 사유하게 하는 지적 연극을 제시하였다. 유머와 풍자를 바탕으로 하면서 사회 문제를 다뤘다는 점에서 그의 희곡은 높이 평가되며 1925년 노벨문학상을 수상하였다.

–Marcus Aurelius, Meditations

Dwell on the beauty of life.

Watch the stars, and see yourself running with them.

삶의 아름다움에 깊이 생각하라.

별을 바라보고 별과 함께 달리는 자신을 상상해라.

마르쿠스 아우렐리우스 (121-180)

로마 제국의 제16대 황제, 스토아학파 철학자. 고대 로마의 전성기를 이끈 5명의 현명한 황제(오현제) 중 한 명이다.

A pessimist sees the difficulty in every opportunity;
an optimist sees the opportunity in every difficulty.

– Winston Churchill

비관론자는 모든 기회에서 어려움을 찾고
낙관론자는 모든 어려움에서 기회를 찾는다.

윈스턴 처칠 (1874–1965)

영국의 정치인, 군인. 역사상 가장 위대한 영국 총리 중 한 명으로 평가되며 제2차 세계 대전 당시 나치 독일에 대항하는 연합국의 전쟁을 주도하여 승리하였다. 작가로도 활동하여 1953년 저서인 『제2차 세계대전』 회고록으로 노벨문학상을 수상했다.

–Albert Einstein

Life is like riding a bicycle.
To keep your balance, you must keep moving.

삶은 자전거를 타는 것과 같다.
균형을 유지하려면 계속해서 움직여야 한다.

알베르트 아인슈타인 (1879-1955)

독일의 이론물리학자. 1922년 노벨물리학상 수상자. 상대성 이론, 브라운 운동 등의 업적을 이뤘으며 현대 물리학의 발전에 큰 영향을 미쳤고 획기적인 물리법칙들을 밝혀내 세계와 우주에 대한 새로운 시야를 가질 수 있게 했다. 그의 이론을 기반으로 GPS, LED, 태양전지 등이 발명되었고 그의 연구는 현대 문명의 핵심이 되었다.

– André Malraux

He who has dreamed for long resembles his dream.

오랫동안 꿈꾼 사람은 그 꿈을 닮아 간다.

앙드레 말로 (1901–1976)

프랑스의 작가, 정치인. 동양어학교를 다니며 산스크리트어와 중국어를 배우고 인도차이나 반도의 고고학적 조사에 참가하였다. 대표작으로는 『정복자들』, 『인간의 조건』 등이 있다.

When you arise in the morning,
think of what a precious privilege it is to be alive
–to breathe, to think, to enjoy, to love.

아침에 일어나면 숨 쉬고, 생각하고, 즐기고, 사랑하며
살아 있다는 것이 얼마나 소중한 특권인지 생각하라.

마르쿠스 아우렐리우스 (121-180)

로마 제국의 제16대 황제, 스토아학파 철학자. 고대 로마의 전성기를 이끈 5명의 현명한 황제(오현제) 중 한 명이다.

–John Updike

Dreams come true.
Without that possibility,
nature would not incite us to have them.

꿈은 이루어진다.
그럴 가능성이 없었다면,
자연은 우리를 꿈꾸게 하지도 않았을 것이다.

존 업다이크 (1932–2009)

미국의 시인, 소설가. 잡지 『뉴요커』의 편집을 맡으며 작품 활동을 이어갔다. 그의 연작 시리즈인 토끼 시리즈로 퓰리처상을 2회 수상하였다.

–Shannon L. Alder

When you are joyful, when you say 'yes' to life
and have fun and project positivity all around you,
you become a sun in the center of every constellation,
and people want to be near you.

당신이 기뻐할 때, 인생에 '예스'라고 말하고 즐기며 주변에 긍정적인 에너지를 쏟을 때,
당신은 모든 별자리의 중심에 있는 태양이 되고
사람들은 당신 가까이에 있고 싶어 할 겁니다.

섀넌 L. 앨더 (1970~)

미국의 작가, 300여 권이 넘는 책을 출판하고 여러 편의 온라인 잡지 기사를 작성했다. 대표작으로 『300 Questions to Ask Your Parents』, 『350 Questions Parents Should Ask During Family Night』 등이 있다.

–Vincent van Gogh

Great things are done by a series of small things brought together.

위대한 일들은 작은 일들이 모여 이루어진다.

빈센트 반 고흐 (1853–1890)

네덜란드의 화가. 서양 미술사상 가장 위대한 화가 중 한 명. 그의 작품은 모두 죽기 전 10년 동안에 만든 것이다. 생전에는 성공을 이루지 못하였으나 사후에 인정 받았다.

–F. Scott Fitzgerald

It was only a sunny smile, and little it cost in the giving,
but like morning light it scattered the night
and made the day worth living.

주는 데 비용이 거의 들지도 않는 밝은 미소 한 번뿐이었지만
그것은 밤을 흩어지게 하는 아침 햇살 같았고
살 만한 가치가 있는 하루를 만들어 주었다.

F. 스콧 피츠제럴드 (1896–1940)

미국의 작가. 소설 『낙원의 이쪽』로 데뷔하여 큰 인기를 얻었다. 그의 대표작으로는 『위대한 개츠비』, 『밤은 부드러워』가 있다.

–Mary Lou Retton

Optimism is a happiness magnet.
If you stay positive good things
and good people will be drawn to you.

낙관주의는 행복을 끌어당기는 자석이다.
긍정적인 태도를 유지한다면
좋은 일들과 좋은 사람들이 당신에게 이끌릴 것이다.

메리 루 레튼 (1968~)

미국의 체조 선수. 1984년 LA 올림픽에서 16살의 나이로 5개의 메달을 획득하였고 이는 미국 여자 체조 역사상 최초이다.

– Vince Lombardi

Life's battles don't always go to the stronger or faster man.
But sooner or later, the man who wins is
the man who thinks he can.

인생의 싸움은 항상 더 강하고 더 빠른 사람에게 돌아가는 것이 아니다.
결국 승리하는 사람은 할 수 있다고 믿는 사람이다.

빈스 롬바르디 (1913-1970)

미국 미식축구 선수, 감독. NFL 그린베이 패커스의 감독이었으며 제1회, 제2회 슈퍼볼 우승에 기여했다.
지금도 슈퍼볼 우승팀에게는 그의 이름을 딴 빈스 롬바르디 트로피를 수여하고 있다.

AIR MAIL
AIR MAIL
To Me Who
Needs Love

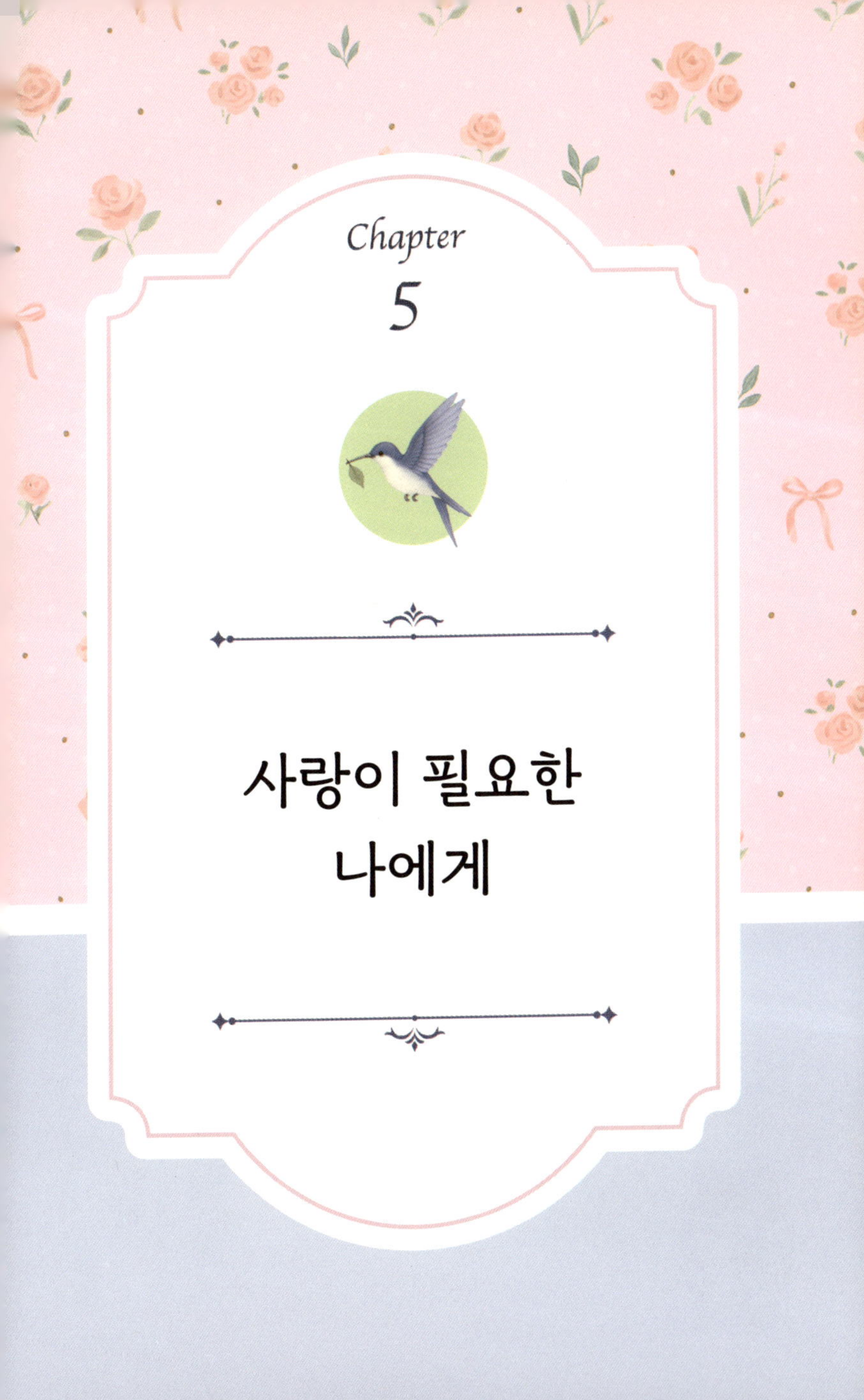

사랑이 필요한 나에게

–William Shakespeare, A Midsummer Night's Dream

Love looks not with the eyes but with the mind;

And therefore is winged Cupid painted blind.

Nor hath Love's mind of any judgment taste.

Wings, and no eyes, figure unheedy haste.

And therefore is Love said to be a child.

Because in choice he is so oft beguiled.

사랑은 눈이 아닌 마음으로 보는 거예요. 그래서 날개 달린 큐피드는 눈이 먼 것으로 그려지죠.

사랑은 그 어떤 판단력도 없어요. 날개만 있고 눈이 없는 것이 그런 분별 없는 성급함을 나타내죠.

그래서 사랑은 아이 같다고 하는 거예요. 종종 잘못된 선택을 하니까요.

윌리엄 셰익스피어 (1564–1616)

잉글랜드의 극작가이자 시인. 『로미오와 줄리엣』, 『햄릿』 등 여러 작품을 출간하였으며 지금까지도 문학적 영향력이 대단한 대문호 중 한 명이다.

If I had a flower for every time I thought of you,
I could walk through my garden forever.

–Alfred Tennyson

당신을 생각할 때마다 꽃이 한 송이씩 생긴다면
전 제 정원을 영원히 거닐 수 있을 겁니다.

앨프리드 테니슨 (1809-0892)

영국의 시인. 애국적인 내용과 아름다운 운율미로 사랑받았으며 빅토리아 시대의 계관시인이다.
대표작으로 『인 메모리엄』, 『해롤드』 등이 있다.

–Oscar Wilde

Never love anyone who treats you like you're ordinary.

당신을 평범한 사람처럼 대하는 사람은 절대 사랑하지 마세요.

오스카 와일드 (1854-1900)

아일랜드의 시인, 소설가, 극작가. 유미주의를 지향했으며 대표작으로 『도리언 그레이의 초상』, 『살로메』 등이 있다. 동화 『행복한 왕자』를 쓰기도 했다.

Doubt thou the stars are fire;
Doubt that the sun doth move;
Doubt truth to be a liar;
But never doubt I love.

별들이 불이 아닐지 의심하시오.
태양이 움직이는 것인지 의심하고,
진실이 거짓될 수 있음을 의심하시오.
그러나 절대로 내가 사랑한다는 것은 의심하지 마시오.

윌리엄 세익스피어 (1564-1616)

잉글랜드의 극작가이자 시인. 「로미오와 줄리엣」, 「햄릿」 등 여러 작품을 출간하였으며 지금까지도 문학적 영향력이 대단한 대문호 중 한 명이다.

–Antoine de Saint-Exupéry, Airman's Odyssey

Love does not consist of gazing at each other,
but in looking outward together
in the same direction.

사랑은 서로 바라보는 것이 아니라
함께 같은 방향을 바라보는 것이다.

앙투안 드 생텍쥐페리 (1900–1944 추정)

프랑스의 작가, 시인, 비행사. 항공우편 조종사로 근무하며 『비행사』, 『야간 비행』 등을 발표하고 제2차 세계 대전으로 미국에 망명하여 『어린 왕자』를 출간하였다. 그러나 1944년 정찰 비행을 위해 이륙한 후 실종되었다.

– Mother Teresa

I know that when we die and it comes time for God to judge us,

He will not ask, 'How many good things have you done in your life?'

rather He will ask, 'How much love did you put into what you did?'

우리가 죽고 신께서 우리를 심판하시는 때가 되면,

그분은 '살면서 얼마나 많은 좋은 일들을 했느냐?'라고 묻지 않으시고

'네가 행한 일에 얼마나 많은 사랑을 쏟았느냐?'라고 물으실 거라는 걸 압니다.

테레사 수녀 (1910~1997)

오스만 제국의 가톨릭 수녀. 본명은 Anjezë Gonxhe Bojaxhiu(아녜저 곤제 보야지우)이다. 아일랜드에서 입회 후 인도의 로게토 성모 수녀회에서 수련을 받아 테레사라는 수녀로서의 이름을 쓰기 시작했다. 인도의 콜카타에서 헌신적인 빈민 구제 활동으로 존경을 받았으며 1979년에는 노벨평화상을 수상했다. 2016년 교황 프린치스코에 의해 성녀 반열에 올랐다.

If you find someone you love in your life, then hang on to that love.

네 인생에서 사랑하는 사람을 찾았다면, 그 사랑을 단단히 붙잡거라.

다이애나 왕세자비 (1961-1997)

영국의 전 왕세자비. 본명은 Diana Frances Spencer(다이애나 프랜시스 스펜서)이다.
왕세자비 시절과 이혼 후에도 자신의 영향력으로 봉사와 자선활동을 적극적으로 실천하였다.

DAY 088

"Maybe... you'll fall in love with me all over again."

"Hell," I said, "I love you enough now.

What do you want to do? Ruin me?"

"Yes. I want to ruin you."

"Good," I said. "That's what I want too."

"어쩌면… 너는 나를 다시 사랑하게 될지도 몰라."
"젠장," 내가 말했다, "이미 너를 충분히 사랑해.
뭘 하고 싶은 거야? 날 망치고 싶어?"
"그래, 당신을 망치고 싶어."
"좋아," 내가 말했다. "나도 그걸 원해."

어니스트 헤밍웨이 (1899-1961)

미국의 소설가. 1954년 소설 『노인과 바다』로 노벨문학상을 수상하였다.
그의 대표작으로는 『노인과 바다』, 『무기여 잘 있거라』 등이 있다.

–Antoine de Saint-Exupéry, The Little Prince

It is the time you have wasted for your rose that makes your rose so important.

너의 장미가 그토록 소중한 것은 네가 장미를 위해 들인 시간 때문이야.

앙투안 드 생텍쥐페리 (1900-1944 추정)

프랑스의 작가, 시인, 비행사. 항공우편 조종사로 근무하며 『비행사』, 『야간 비행』 등을 발표하고 제2차 세계 대전으로 미국에 망명하여 『어린 왕자』를 출간하였다. 그러나 1944년 정찰 비행을 위해 이륙한 후 실종되었다.

–Victor Hugo, Les Misérables

The supreme happiness of life consists in the conviction that one is loved.

인생에서 가장 큰 행복은 자신이 사랑받고 있다는 확신이다.

빅토르 위고 (1802-1885)

프랑스의 시인, 소설가, 극작가. 프랑스를 대표하는 작가 중 한 명으로 낭만주의 작가.
대표작으로 『파리의 노트르담』, 『레 미제라블』 등이 있다.

–Antoine de Saint-Exupéry, The Little Prince

True love is inexhaustible.
The more you give, the more you have.

진정한 사랑은 지칠 줄 모르지.
더 많이 줄수록 더 많이 갖게 되는 거야.

앙투안 드 생텍쥐페리 (1900-1944 추정)

프랑스의 작가, 시인, 비행사. 항공우편 조종사로 근무하며 『비행사』, 『야간 비행』 등을 발표하고 제2차 세계 대전으로 미국에 망명하여 『어린 왕자』를 출간하였다. 그러나 1944년 정찰 비행을 위해 이륙한 후 실종되었다.

Love is the only thing that we can carry with us when we go, and it makes the end so easy.

사랑은 우리가 떠날 때 가지고 갈 수 있는 유일한 것이지,
그게 끝을 아주 쉽게 만들어 주는 거야.

루이자 메이 올컷 (1832-1888)

미국의 소설가. 남북전쟁 당시 뉴잉글랜드의 가정을 묘사한 『작은 아씨들』이 큰 성공을 거두었고 30여 편의 소설을 남겼다.

Love isn't something natural.
Rather it requires discipline, concentration, patience,
faith, and the overcoming of narcissism.
It isn't a feeling, it is a practice.

사랑은 자연스러운 것이 아니다.
오히려 절제, 집중, 인내, 믿음 그리고 나르시시즘의 극복이 필요하다.
사랑은 감정이 아니라 실천인 것이다.

에리히 프롬 (1900-1980)

독일계 미국인 사회심리학자, 철학자. 프로이트 이후의 정신 분석 이론을 사회 정세 전반에 적용했으며 사회적 본능이 인간 심리의 내면에 있다는 것을 주장했다. 대표작으로 『자유로부터의 도피』, 『사랑의 기술』 등이 있다.

At the touch of love, everyone becomes a poet.

–Plato

사랑의 손길이 닿으면 모두가 시인이 된다.

플라톤 (428/427 BC 혹은 424/423 BC–348/347 BC)

그리스의 철학자, 사상가. 소크라테스의 제자이자 아리스토텔레스의 스승이며 대학의 원형인 아카데메이아의 교육자이다. 형이상학, 정치학, 윤리학 등 서양 철학의 많은 영역을 연구하였고 이데아론을 제창하였다. 저서로는 『대화편』이 있다.

–Joan Crawford

Love is a fire.
But whether it is going to warm your hearth
or burn down your house,
you can never tell.

사랑은 불이다. 그 불이 당신의 난롯가를 따뜻하게 해줄지
아니면 당신의 집을 불태워 버릴지는 아무도 모른다.

조앤 크로퍼드 (1904-1977)

미국의 배우. 본명은 Lucille Fay LeSueur(루실 페이 러슈어)이다. 할리우드 황금기를 대표하는 배우 중 한 명이며 1925년 영화배우로서 데뷔 후 1930년대 초중반 인기 최정상의 스타였다.

The only thing we never get enough of is love;
and the only thing we never give enough of is love.

–Henry Miller, Tropic of Cancer

우리가 결코 충분히 받지 못하는 유일한 것은 사랑이고
결코 충분히 주지 못하는 유일한 것 또한 사랑이다.

헨리 밀러 (1891-1980)

미국의 소설가. 대표작으로 『북회귀선』, 『남회귀선』 등이 있다. 『북회귀선』 이후의 작품 대부분은 유럽에서 출판되어 이국 작가라 불리기도 했으며 그의 책 일부는 미국에서 수입이 금지되기도 했다.

–Sophocles

One word frees us of all the weight and pain of life. That word is love.

한 단어가 우리를 삶의 고통에서 벗어나게 해 준다.
그것은 바로 사랑이다.

소포클레스 (497/496 BC–406/405 BC)

고대 그리스 아테네의 비극 시인. 아이스킬로스, 에우리피데스와 함께 그리스 3대 비극 시인으로 꼽힌다. 대표작으로 『오이디푸스 왕』, 『아이아스』 등이 있다.

–Charles Dickens

You are part of my existence, part of myself.
You have been in every line I have ever read.

당신은 내 존재의 일부이고 나의 일부입니다.
내가 읽은 모든 구절에 당신이 있었습니다.

찰스 디킨스 (1812-1870)

영국의 소설가, 사회 비평가. 빅토리아 시대의 사회 모순을 선명히 그려내며 현대 대중소설의 기반을 마련했다. 대표작으로는 『데이비드 코퍼필드』, 『올리버 트위스트』, 『크리스마스 캐럴』 등이 있다.

–Virginia Woolf, Selected Diaries

Just in case you ever foolishly forget;
I'm never not thinking of you.

당신이 어리석게도 잊었을까 봐 말씀드리는데,
전 당신을 생각하지 않은 적이 단 한 번도 없어요.

버지니아 울프 (1882-1941)

잉글랜드의 소설가, 수필가. 그녀의 작품은 여성주의, 독립성 등이 두드러지며 대표작으로 『올란도』, 『자기만의 방』이 있다.

–Bram Stoker, Dracula

There are darknesses in life and there are lights;
you are one of the lights, the light of all lights.

인생에는 어둠이 있고 빛이 있죠,
당신은 그 빛 중 하나이며 모든 빛 중의 빛입니다.

 브램 스토커 (1847–1912)

아일랜드의 소설가. 주로 공포 소설을 썼다. 대표작으로 『드라큘라』, 『일곱 별의 보석』이 있다.

하루 한 장, 나에게 보내는 편지

영어 명언 필사 노트 100

저 자 FL4U컨텐츠
발행인 고본화
발 행 반석출판사
2026년 01월 10일 초판 1쇄 인쇄
2026년 01월 15일 초판 1쇄 발행
홈페이지 www.bansok.co.kr
이메일 bansok@bansok.co.kr
블로그 blog.naver.com/bansokbooks

07547 서울시 강서구 양천로 583. B동 1007호
      (서울시 강서구 염창동 240-21번지 우림블루나인 비즈니스센터 B동 1007호)
대표전화 02) 2093-3399 **팩 스** 02) 2093-3393
출 판 부 02) 2093-3395 **영업부** 02) 2093-3396
등록번호 제315-2008-000033호

ISBN 978-89-7172-121-6

■ 교재 관련 문의: bansok@bansok.co.kr을 이용해 주시기 바랍니다.
■ 이 책에 게재된 내용의 일부 또는 전체를 무단으로 복제 및 발췌하는 것을 금합니다.
■ 파본 및 잘못된 제품은 구입처에서 교환해 드립니다.